국립생태원은 한반도 생태계를 비롯하여 열대, 사막, 지중해, 온대, 극지 등 세계 5대 기후와 그곳에서 서식하는 동식물을 한눈에 관찰하고 체험할 수 있는 생태 연구·교육·전시 종합 기관입니다. 국립생태원 출판부(NIE PRESS)는 소중한 생태 정보와 이야기를 엮어 유아부터 성인, 전문가에 이르는 다양한 독자를 위한 책을 만들고 있습니다.

정보 제공 및 내용 감수에 참여한 **국립생태원 연구원**
박종규(생태교육부) 백수복(생태교육부)
백하영(생태교육부) 이 규(연구정책부)

에코스토리 13 국립생태원이 들려주는 **생태 교육** 이야기
푸른이의 두근두근 생태 교실

발행일 2019년 9월 10일 초판 1쇄 발행
글 한수프 | **본문그림** 미소노 | **부록그림** 박소영
발행인 박용목
책임편집 유연봉 | **편집** 전세욱 | **구성·진행** 강승연 조현민
아트디렉터 신은경 | **디자인** 디자인아이(진선미 김영주 양신영) | **사진** 국립생태원(생태교육부)
발행처 국립생태원 출판부 | **신고번호** 제458-2015-000002호(2015년 7월 17일)
주소 충남 서천군 마서면 금강로 1210 / www.nie.re.kr
문의 041-950-5999 / press@nie.re.kr

ⓒ 국립생태원 National Institute of Ecology, 2019
ISBN 979-11-89730-76-5 74400
     979-11-88154-02-9(세트)

※이 책에 실린 모든 글과 그림을 저작권자의 허락 없이 무단으로 사용하거나 복사하여 배포하는 것은 저작권을 침해하는 것입니다.
⚠주의 다칠 우려가 있습니다. 본 교재를 던지거나 떨어뜨리지 않도록 주의하십시오. 고온 다습한 장소나 직사광선이 닿는 장소에는 보관을 피해 주십시오.

13 생태 교육

푸른이의 두근두근 생태 교실

글 **한수프** 그림 **미소노** 감수 **국립생태원**

"푸른아, 학교 안 가고 뭐 하니? 또 지각하겠다!"
베란다 창문으로 엄마가 고개를 내밀고 소리치셨어요.
자르르 윤기가 나는 나뭇잎이 예뻐서 잠깐 보고 있었는데
벌써 시간이 많이 지났나 봐요.
지각하지 않으려면 엄청 뛰어야겠어요.
나는 하늘초등학교에 다니는 강푸른.
초록초록 싱그러운 자연을 무척 좋아해요.

다행히 지각은 아니에요.
"내일 생태 체험 가는 거 알고 있지? 내일도 헐레벌떡 올 거냐?"
교문 앞에서 만난 선생님이 말씀하셨어요.
"에이, 그럴 리가 있겠어요? 히히."
내일을 얼마나 오래 기다렸는지 몰라요.
생태 체험을 간다고 생각하니 벌써부터 설레요.

생태 체험하러 가는 날!

한참을 버스로 달려 국립생태원에 도착했어요.

"생태 체험 정말 재미있을 것 같지 않아?"

나는 짝꿍 혜인이에게 조잘조잘 이야기했어요.

"글쎄? 난 그냥 공부 안 해도 되는 게 좋을 뿐이야."

그때 강사 선생님의 큰 목소리가 들렸어요.

"하늘초등학교 친구들, 반가워요!

오늘 여러분과 함께 생태 교육을 진행할 한나무 선생님이에요.

자, 먼저 퀴즈를 낼게요. 퀴즈를 맞히는 사람에게 선물을 줄 거예요."

선생님 손에는 과자 봉지가 들려 있어요.

웅성거리던 소리가 순식간에 잦아들었어요.
"물이 있는 축축한 땅을 말하는 것으로,
연못이나 호수 등으로 둘러싸여 있어서
항상 젖어 있는 땅을 뭐라고 할까요?"
선생님 말씀이 끝나자마자 난 손을 번쩍 들고 말했어요.
"습지요!"
"네, 정답입니다! 여기 과자 받아 가세요."
난 의기양양하게 앞으로 나가서 선생님이 주시는 과자를 받았어요.
"으악!"
휴, 그건 바로 식용 곤충으로 만든 과자였지 뭐예요!

오늘 우리는 습지를 체험할 거래요.
생태원 안에 있는 습지로 가서 그곳에 사는 곤충에 대한 설명을 들었어요.
선생님은 우리에게 뜰채를 하나씩 주셨지요.
"자, 지금부터 물자라, 물방개, 장구애비, 게아재비를 찾아볼까요?"
우아, 습지에 들어가 보는 건 처음이에요!

게아재비 몸길이는 40~50밀리미터(mm)이고 사마귀와 비슷하다고 해서 물사마귀라고도 해요. 몸은 연한 갈색이고 앞다리는 사마귀처럼 집게 모양이에요. 중간 다리와 뒷다리는 매우 길어요. 수서 곤충이나 물고기를 앞다리로 잡고 뾰족한 입을 꽂아 체액을 빨아 먹고 살아요.

장구애비 몸길이는 35~40밀리미터(mm)이고 길고 납작한 형태로 회색빛이 섞인 갈색이에요. 몸 전체는 평평하며 좁고 길어요. 앞다리로 물 위에서 덤벙거리는 모습이 흥이 나서 노래 부르며 장구 치는 것과 비슷하다고 해서 이런 이름이 붙었지요.

물방개 몸길이는 35~40밀리미터(mm)이고 몸은 넓적한 타원형이며 검은색이에요. 뒷다리는 길고 굵고 털이 많아 다리를 뒤로 뻗으면 앞으로 잘 나가지요. 연못, 늪, 하천 등에 살고 물속의 작은 곤충이나 물고기를 잡아먹어요.

습지에는 식물도 많았어요.
선생님은 부들, 네가래, 이삭물수세미를
찾아보라고 하셨지요.
"선생님, 여기 네가래 찾았어요!"
짝꿍 혜인이가 먼저 손을 들었어요.
'생태 체험에는 관심 없다고 하더니 벌써 찾은 거야?'
나는 갑자기 마음이 초조해졌어요.
아, 부들이랑 이삭물수세미는 어디에 있을까요?

이삭물수세미 수생 식물로 도랑이나 연못에서 자라요. 꽃은 6~10월에 연한 갈색으로 피어요. 잎은 4개씩 돌려나고 깃 모양으로 잘게 갈라지며, 갈라진 조각은 실처럼 생겼어요. 어항의 수초로 쓰이기도 해요.

습지에서 나온 뒤, 선생님은 빨대같이 생긴
초록색 줄기를 하나씩 나누어 주셨어요.
"연꽃 줄기예요. 줄기 단면을 한번 살펴볼까요?"
줄기 단면에는 구멍이 여러 개 뚫려 있었어요.
"자, 이 연꽃 줄기로 비눗방울 놀이를 해 볼 거예요."
"에이, 이걸로 어떻게 비눗방울 놀이를 해요?"
맨 뒤에 있던 민수가 입을 삐죽이며 말했어요.

🌱 연꽃 줄기에는 왜 구멍이 뚫려 있을까요?

연꽃 줄기에는 공기가 드나들 수 있도록 여러 개의 구멍이 뚫려 있어요. 이 구멍들이 바로 공기가 다니는 길이에요. 줄기와 뿌리, 잎으로 공기가 다니기 때문에 연꽃은 물속에서도 숨을 쉴 수가 있어요.

"과연 그럴까요?"

선생님은 연꽃 줄기를 비눗물에 담갔다가 빼서 입으로 후 부셨어요.

그랬더니 뽀글뽀글 작은 비눗방울이 줄줄이 나왔어요.

"우아!"

우리는 너 나 할 것 없이 비눗방울을 불기 시작했어요.

"엄마, 엄마!
오늘 생태 체험 완전 재미있었어요!"
나는 문을 열자마자 오늘 있었던 일을
엄마에게 와르르 쏟아 냈어요.

"그렇게 재미있었어?
자연을 좋아하는 우리 푸른이가 신났겠구나."
"네. 그런데 국립생태원에서 1박 2일 가족 캠프도 한대요.
엄마 아빠랑 꼭 같이 가 보고 싶어요. 꼭이요, 꼭!"

난 그날부터 엄마를 조르기 시작했어요.

"엄마, 우리 가족이 함께 생태 체험하면 엄청 재미있을 것 같아요."

"엄마, 습지에 가 본 적 없지요? 거긴 습지도 있어요."

"엄마, 거기엔 엄청 넓은 숲도 있어요. 엄마아아!"

결국 엄마는 며칠 뒤 가을 가족 캠프를 신청하셨어요.

드디어 가족 캠프 날이에요.

토요일이라 차가 많이 막혀 나는 마음이 급해졌어요.

"늦으면 안 된다고요!"

도착하자마자 나는 서둘러서 강당 쪽으로 뛰어갔어요.

'어, 한나무 선생님이다!'
생태 체험에서 만났던 선생님이 강당 무대 위에 계세요.
"안녕하세요. 가족 캠프에 참여해 주신 여러분, 환영합니다!"
한나무 선생님도 나를 아는 듯 눈을 마주치고 환하게 웃었어요.
가족 캠프도 왠지 즐거울 것 같아요.

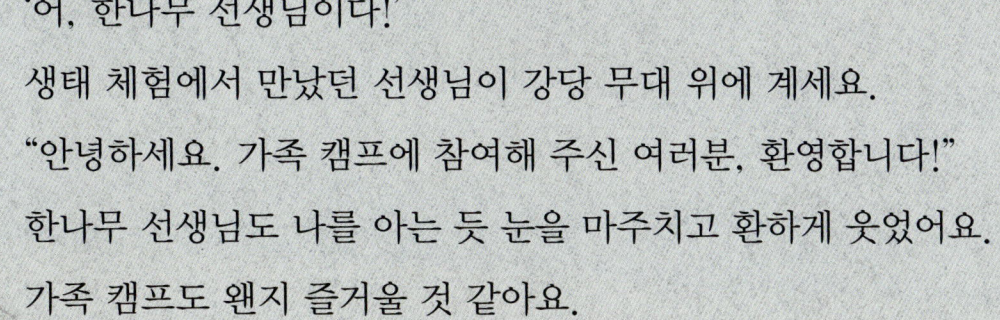

첫 번째 활동 장소로 갔어요.
여기서 우리는 가족 액자를 만들 거예요.
탁자 위에 나뭇잎, 나뭇가지, 열매, 꽃 등
생태원에서 모은 여러 재료들이 가득해요.
"선생님, 이건 무슨 나무예요?"
"우아, 생태원에 이런 식물도 있어요?"
여기저기서 질문이 쏟아졌어요.

🌱 까슬까슬한 열매 도꼬마리를 본떠서 만든 발명품은 무엇일까요?

20세기 초 스위스의 발명가 조르주 드 메스트랄은 사냥을 나갔다가 사냥개의 털에 도꼬마리 열매가 잔뜩 붙어 있는 것을 발견했어요. 조르주 드 메스트랄은 도꼬마리 열매에 있는 가시를 보고 쉽게 떼었다 붙였다 할 수 있는 '벨크로'를 발명했어요. 벨크로는 한쪽은 까슬까슬하게, 다른 한쪽은 부드럽게 만들어 이 두 부분을 딱 붙여 떨어지지 않게 하는 거예요. 운동화, 가방, 장갑 등 여러 물건에 편리하게 사용되고 있지요.

선생님은 재료 한 개를 집어 들고 질문을 하셨어요.
"열매에 갈고리 모양의 가시와 짧은 털이 있어요.
이 갈고리 모양의 가시 때문에 다른 것에 붙으면
잘 안 떨어져요. 이것은 무엇일까요?"
'갈고리 모양, 아, 나 저거 뭔지 아는데…….'
생각이 날 듯 말 듯 해요.
"아, 도꼬마리예요!"
나도 모르게 큰소리로 말했지요.
"이야, 우리 아들 최곤데!"
엄마 아빠가 감탄한 듯 박수를 치셨어요.
난 별것 아니라는 듯 씨익 웃었지만 정말 기분이 좋았어요.

우리는 이른 저녁을 먹었어요.
그리고 가장 기대했던 나이트 투어 시간이 되었지요.
국립생태원의 관람 시간이 끝난 어두운 밤에
가족 캠프 신청자들만 에코리움으로 들어가 식물과 동물을 관찰하는 거예요.
불이 꺼진 전시관에 들어가 선생님이 비추는 손전등 불빛만으로
식물과 동물을 만날 수 있어요.
열대관에 들어가니 깜깜한 길목에 길게 늘어져 있는
열대 식물의 잎이 몸을 스쳐요.
"으악, 깜짝이야!"
화들짝 놀란 나는 한나무 선생님 옆에 딱 붙어서 갔어요.
자고 있는 동물들이 깨지 않게 모두 살금살금 조용히 움직였지요.

사막관에 갔더니 눈을 반짝반짝 빛내며
움직이는 동물이 있었어요.
바로 사막여우예요!
쿨쿨 자는 사막여우가 아니라
밤에 빠릿빠릿 돌아다니는
사막여우를 보니 정말 반가웠어요.
"엄마, 아빠, 빨리 오세요!"

생태원에서 하룻밤을 보낸 뒤
다음 날 아침이 되었어요.
"아, 상쾌해!"
엄마가 숙소 문을 열고 기지개를 쫙 펴요.
시원한 바람이 방 안 가득히 몰려왔어요.
생태원에서의 둘째 날이에요.
아침을 먹은 뒤, 가족 캠프의 마지막 프로그램인
에코다이브가 시작되었어요.
가족이 함께 지도에 표시된 장소를 찾아다니며
주어진 미션을 해결하는 거예요.
선생님은 3등 안에 들면 선물도 준다고 하셨어요.
"자, 출발하세요!"
한나무 선생님의 신호와 동시에 모든 가족들이
우르르 밖으로 달려나갔어요.

에코다이브(EcoDive)는 무엇인가요?

국립생태원에서는 생물 다양성의 가치에 대한 인식을 확산시키기 위해 생태계(Ecosystem)와 다양성(Diversity)을 합한 말인 '에코다이브'라는 이름으로 프로그램을 운영하게 되었어요. 생태원 전체를 돌아다니며 다양한 생태 관련 미션을 해결하는 내용의 프로그램이에요.

'헉헉 헉헉!'
첫 번째 장소에 도착해서 미션 종이를 읽었어요.
"키가 2~4미터 정도로 비틀리듯 자랍니다.
가지가 사방으로 퍼져 전체가 둥그스름해요.
땅속에 뿌리들이 단단히 뒤얽혀 있습니다.
이 나무의 열매는 작고 둥글며 윤기가 없습니다.
열매는 쥐똥같이 생겼어요. 이 나무의 이름은 무엇일까요?"
이런, 빨리 도착해도 정답을 모르니 소용이 없어요.
난 도움을 요청하는 눈빛으로 아빠를 빤히 보았어요.
아빠 어깨를 한 번 으쓱하고 말씀하셨지요.
"쥐똥같이 생겼으니 바로 쥐똥나무지!"

난 서둘러 정답을 쓰고, 다음 장소로 뛰어갔어요.
엄마 아빠와 함께 지도를 열심히 보고,
5번 장소까지 잘 찾아가서 미션을 성공했어요.
이제 6번 장소로 가야 하는데 잘 보이지 않아요.
어디에 있는 걸까요?

6번 장소를 못 찾고 길을 헤맨 탓에
우린 거의 맨 꼴찌로 집합 장소에 도착했어요.
참가상만 받은 나는 못내 서운해서 입을 삐쭉거렸어요.
엄마도 서운했는지 아빠에게 뾰로통하게 이야기하셨어요.
"그러니까 내가 앞쪽에 6번 장소가 있을 거라고 했잖아요."
"아니, 지도에는 뒤쪽에 6번 장소가 있는 것처럼 보였다고요."

엄마 아빠가 티격태격해서 내가 끼어들었어요.
"엄마, 그래도 아빠가 미션 문제를 잘 풀어서 틀린 문제는 없었잖아요."
"맞아. 우리 푸른이가 자연을 좋아하는 건 날 닮은 거라고요!
우리 다음 가족 캠프 때 또 오자!"
벌써 다음 캠프가 기대가 돼요.
봄의 생태원은 어떤 모습일까요?

쏙쏙 정보 더하기

국립생태원에서 신나게 체험해요

국립생태원에는 유아부터 어린이, 청소년, 성인에 이르기까지 다양한 연령층의 사람들이 생태 지식과 감수성을 키울 수 있게 도와주는 많은 프로그램을 운영하고 있어요. 생태 교육 프로그램을 통해 사람들은 자신을 둘러싸고 있는 자연을 발견하고 소중함을 깨닫게 되지요. 국립생태원에서는 해마다 여러 프로그램을 통해 많은 사람에게 자연을 만나고 자연을 배우는 기회를 주려고 노력하고 있답니다.

하루만 체험해요! 〔당일형 프로그램〕

1. 일일 생태 체험

일일 생태 체험은 학교 교육 과정과 연계한 주제별 체험 활동 프로그램으로 2시간 동안 체험을 해요. 유아부터 초등학생, 중학생, 고등학생을 대상으로 모집을 하고, 최소 20명 이상이 신청할 수 있는 단체 프로그램이지요. 해마다 생태계를 이해하기 위해 생태계 상호 작용, 비생물적 환경 요인 등 큰 주제를 선정하고, 계절별 특징을 살린 소주제 및 소재를 이용하여 교육을 진행합니다. 짧은 시간이지만 생태 체험을 통해서 아이들의 생태 감수성과 지식, 그리고 자연을 바라보는 시각의 변화를 기대할 수 있습니다.

습지에는 다양한 생물이 살아요!

2. 생태 진로 체험

생태 진로 체험은 자유 학기제·자유 학년제와 연계하여 생태와 관련한 다양한 분야의 진로를 탐색하는 프로그램으로 2시간 또는 4시간 동안 체험을 해요. 초등학교 고학년부터 중학생, 고등학생을 대상으로 모집하고, 최소 20명 이상이 신청할 수 있는 단체 프로그램이지요. 해마다 국립생태원 내 진로와 직업 등 큰 주제를 선정하고, 계절별 특징을 살린 소주제 및 소재를 이용하여 교육을 진행합니다. 진로 체험을 통해 아이들이 다양한 분야의 직업을 체험하고 진로를 탐색해 볼 수 있습니다.

연령별로 다양한 체험이 있어요.

3. 에코리움 배움터

에코리움 배움터는 국립생태원을 방문하는 전 연령층을 대상으로 하는 무료 교육으로, 국립생태원의 생태 친구들을 통해 생태계의 중요성을 배울 수 있는 사전 교육(오리엔테이션) 프로그램입니다. 생태원 및 에코리움을 소개하고, 생태계 이해를 돕는 꾸미기 활동 등의 콘텐츠로 구성되어 있으며 현장에서 모집하는 프로그램이에요.

에코리움 배움터 프로그램 체험하러 가요!

하루 또는 이틀 머물며 체험해요! 체류형 프로그램

1. 생태 진로 캠프

자유 학기제와 연계하여 국립생태원의 다양한 생태 분야를 체험하고 진로를 탐색할 수 있는 교육 프로그램이에요. 1박 2일 또는 2박 3일 동안 진행되며 초등학교 고학년, 중학생, 고등학생 단체를 대상으로 해요. 생태원이라는 기관을 중심으로 생태와 관련된 다양한 직업을 주제에 맞게 알아가고 직접 체험해 볼 수 있답니다. 생태원 안에서 다양한 미션을 해결하며 생태 감수성을 키우는 생물 다양성 찾기(에코다이브), 생태 진로 멘토링(또는 에코리움 나이트 투어), 생태 진로 체험 교육 활동으로 구성됩니다.

① **생물 다양성 찾기(에코다이브)** : 국립생태원 일정 지역에서 지도를 들고 포인트를 찾아 생태 관련 미션을 수행하는 체력 증진형 생태 프로그램
② **생태 진로 멘토링** : 생태 전문가가 들려주는 생태 진로와 직업 및 생태 이야기, 생태 연구 분야 및 직업(업무) 소개, 생태 전문가가 되는 과정, 전공 및 직업 선택 과정 등 진로 탐색 활동
③ **에코리움 나이트 투어** : 국립생태원 에코리움에서 야간 탐사를 하며, 5대 기후관을 한번에 체험하는 오감 충전 투어
④ **생태 진로 체험** : 생태와 관련된 다양한 분야의 진로를 탐색하는 프로그램

2. 가족 캠프

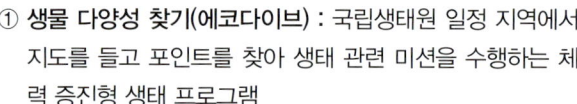

가족 캠프는 생태 문화 체험형과 생태 교감형이 있고, 모두 1박 2일 프로그램이에요. 생태 문화 체험형 가족 캠프는 초등학생 자녀가 있는 가족을 대상으로 여행 주간 및 여름 방학에 진행을 해요. 생태 감수성 찾기, 에코리움 나이트 투어, 서천 문화 탐방, 가족 추억 만들기 등의 활동이 있어요. 생태 교감형 가족 캠프는 기본 교육 이후 휴식과 여행을 즐길 수 있게 구성한 자율형 프로그램으로 주말에 진행을 하지요.

며칠 또는 몇 회 이어서 체험해요! `연속형 프로그램`

1. 생태 과학 교실

학교 교육 과정을 반영한 현장 체험 위주의 방학 집중 프로그램이에요. 생태계 관련 주요 키워드를 주제로 다양한 실험, 실습을 통해 생태계와 환경을 과학자의 눈으로 이해하고 미리 생태학자가 되어 보는 체험형 교육 과정입니다. 초등학교 고학년 및 중학생을 대상으로 프로그램을 운영해요.

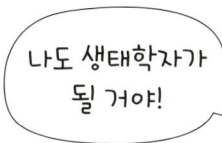

2. 생태 시범 학교

생태 교육에 관심이 있는 학교를 선정하여 연간 10회에 걸쳐 체계적이고 전문적인 생태 교육을 진행하는 프로그램이에요. 교육 주제는 학교 교육 과정과 연계하여 수준에 맞게 편성하고 각 학교에서 평소 생태에 관심이 많은 학생들의 신청을 받아 교육을 진행해요. 2018년에는 '나도 생태학자'라는 주제로 생태학자의 역할 탐구와 실습, 생태계에 대한 조사 등 현장 실습으로 이루어졌답니다.

국립생태원이 들려주는 **에코스토리**

01 전국 자연환경 조사
나는 독도의 마스코트

02 기후 변화 연구
빙글빙글 물방울의 여행

03 생명 공학 연구
황금쌀과 슈퍼 연어의 비밀

04 외래 생물 관리
하늘천의 무법자 블루길

05 생태계 연구
금개구리 왕눈이의 모험

06 생체 모방 연구
호기심쟁이 수현이와 발명가 삼촌

07 생물 다양성 협력
와글와글 세계 어린이 환경 뉴스

08 생태계 서비스 연구
자연이 주는 선물

09 멸종 위기종 관리
아슬아슬 사라지는 동물

10 지역 생태 협력
철새들의 천국 서천 유부도

11 식물 관리
무럭무럭 쑥쑥 식물 성장의 비밀

12 동물 관리
한밤중 동물 친구들에게 생긴 일

13 생태 교육
푸른이의 두근두근 생태 교실

14 생물 복원
다시 만날 동식물 친구들

15 에코뱅크
신나는 생태 지도 만들기